Comte F.-U. WRANGEL

Voyage en France d'Oxenstiern

(1635)

PARIS
LIBRAIRIE PLON
PLON-NOURRIT ET Cie, IMPRIMEURS-ÉDITEURS
8, RUE GARANCIÈRE — 6e

1917

Voyage en France d'Oxenstiern

(1635)

Il a été tiré de cet ouvrage :
25 exemplaires sur papier de luxe
numérotés à la presse de 1 à 25.

Comte F.-U. WRANGEL

Voyage en France d'Oxenstiern

(1635)

PARIS
LIBRAIRIE PLON
PLON-NOURRIT ET Cie, IMPRIMEURS-ÉDITEURS
8, RUE GARANCIÈRE — 6e

1917

AVIS AU LECTEUR

Pour ne pas inutilement charger ce petit volume, l'auteur n'a pas cru opportun de donner des indications sur les documents imprimés ou manuscrits d'où il a tiré les données, sur lesquelles il base son récit. Pour celui ou ceux qui auraient intérêt à connaître, voire mêmc à étudier ces documents, ils en trouveront la mention détaillée dans la version suédoise publiée à Stockholm en 1914, chez P.-A. Norstedt et fils; 242 pages in-8°.

***

Les illustrations qui ornent cet ouvrage ont toutes été tirées des riches collections d'estampes de la Bibliothèque Nationale et de la Bibliothèque des Arts Décoratifs, sauf une, le portrait d'Oxenstiern, dont l'original, fait à Paris, en 1635, par Dumonstier, se trouve à l'Académie des lettres, de l'histoire et des antiquités, à Stockholm.

***

Pour ce qui regarde l'orthographe du nom de l'illustre voyageur, l'auteur s'est permis de garder la forme usitée dans les anciens écrits français, c'est-à-dire Oxenstiern, *bien que le nom, correctement, doive s'écrire* Oxenstierna *en langue suédoise.*

Avant d'aborder le sujet principal de cette étude, c'est-à-dire le voyage que fit en France, en l'année 1635, le célèbre chancelier de Suède, Axel Oxenstiern, je crois qu'il serait utile de dire quelques mots sur les relations entre la France et la Suède avant et pendant le XVIIe siècle. Je le fais d'autant plus volontiers que l'on entend souvent affirmer que c'est surtout depuis le temps de Gustave III, soit depuis la dernière moitié du XVIIIe siècle, que l'on peut parler de relations plus intimes et suivies entre ces deux pays. Ceci est absolument inexact, à moins que l'on ne veuille dire qu'à cette époque la Suède dépendait essentiellement de la France, car jamais la Suède n'a été moins libre que pendant la période que l'on a désignée par le nom de l'*Ère de la liberté*, où les ambassadeurs français et russes se disputèrent la prédominance dans la direction de nos affaires politiques tant extérieures qu'intérieures.

Déjà aux premiers temps de notre histoire certaine la lumière nous vint de la France. Il n'est pas nécessaire de remonter à l'époque légendaire des viking, où les hommes du Nord (Nordmän, Normands) vinrent en ennemis piétiner le sol français, et si j'en fais mention, c'est uniquement en vue de rappeler la belle riposte que nous fit la France en nous envoyant des moines bénédictins d'origine française tels qu'Ansgaire et d'autres, lesquels, dès l'an 829, se mirent à l'œuvre pour christianiser la Suède.

Plus tard la cathédrale d'Upsal fut construite par un Français, Etienne de Bonnœuil, tailleur de pierre, qui avait amené avec lui dix contremaîtres et dix compagnons. C'est en 1287 qu'il se rendit dans le Nord ; le contrat est encore conservé aux archives royales de Suède.

C'est vers la même époque que les jeunes ecclésiastiques et les savants suédois commencèrent à visiter l'Université de Paris, qui pendant plusieurs siècles jouit d'une renommée universelle. Celui qui en ces temps-là désirait être considéré comme vraiment savant devait nécessairement avoir été gradué à Paris. Les Suédois possédèrent aussi trois collèges au Quartier Latin : un dans la rue Serpente, un dans la rue Jean-de-Beauvais et un dans la rue des Carmes. Un de ces collèges avait même adopté le nom de « l'Hostel de Suède » et subsistait encore à la fin du XVe siècle.

Inutile de dire que les derniers vestiges de ces maisons ont disparu depuis longtemps.

Il est aussi plus que probable que les jeunes étudiants suédois au moyen âge poussèrent leurs pérégrinations en terre française jusqu'à Montpellier, dont la faculté de médecine fut de bonne heure connue dans le monde entier. Au moins l'on est autorisé à le croire, à en juger d'après quelques paroles dans une traduction de la vieille ballade française du *Chevalier au lion*. Cette traduction date des premières années du XIVe siècle, probablement de 1303. La ballade nous fait assister à un combat entre le chevalier et deux monstres, engeance du diable ; le chevalier est près de succomber, quand son fidèle lion lui vient en aide en donnant aux monstres avec sa patte des coups tellement forts que les blessures ne pourraient jamais être guéries, pas même par les docteurs de Montpellier. Ce qu'il y a d'intéressant dans ceci, c'est que les docteurs de Montpellier ne sont même pas mentionnés dans la version originale française. C'est uniquement dans le texte suédois que l'on retrouve cette indication, qui nous prouve que la renommée de la faculté de médecine de cette vieille université, en ces temps lointains, était parvenue jusque dans les contrées du Nord.

Le roi de Suède, Magnus Eriksson, épousa en 1335 Blanche de Namur, fille du comte de Namur, un seigneur d'origine française de la maison de Dampierre. La mère de Blanche appartenait à l'illustre maison des Capétiens. Il est à présumer qu'elle apportait en Suède des mœurs plus raffinées et plus douces et inaugura chez nous une ère de culture occidentale. Il paraît même que le frère de Blanche, Louis de Namur, vint en Suède, où il remplit pendant un certain temps les fonctions de conseiller intime de son royal beau-frère, contribuant lui aussi à introduire chez nous les usages et les coutumes françaises.

Au temps de Gustave Ier (Vasa), c'est-à-dire entre 1525 et 1560, ainsi que pendant les règnes de ses fils, les relations entre la France et la Suède furent très suivies, intimes même. Les ambassades envoyées de part et d'autre furent très nombreuses. Gustave fut même décoré de l'Ordre de Saint-Michel que lui envoya François Ier. Il faisait d'ailleurs un très grand cas de cette décoration. On garde encore une lettre qu'il écrivit à la reine Marguerite, et dans laquelle il demande que la reine lui fasse envoyer « le petit bijou de Saint-Michel », qu'il devait arborer lors de l'audience d'un envoyé du roi de Danemark, qui était en même temps chargé d'une mission du roi de France.

Les fils de Gustave, du moins l'aîné, Eric, furent élevés par des précepteurs français, parmi lesquels on a noté le fameux Denis Beureus, qui plus tard fut tué sur l'ordre de son royal disciple.

On négocia même un mariage entre Henri III, roi de France et de Pologne, et la princesse Elisabeth, fille de Gustave, mais Henri III ayant, entre temps, épousé Louise de Lorraine, on envoya en Suède un gentilhomme nommé Bourricque pour interrompre la négociation.

Plus tard on projeta un mariage entre Henri Ier, duc de Rohan, et la princesse Catherine, fille du duc de Sudermannie, plus tard le roi Charles IX.

C'est cependant surtout sous les règnes de Gustave-Adolphe et de sa fille Christine que les relations entre la France et la Suède furent aussi étroites que profitables pour les deux pays. Les hommes d'Etat les plus éminents furent envoyés en mission, soit en France, soit en Suède ; les Charnacé, les Pomponne, les d'Avaux, les Feuquières et bien d'autres représentèrent la France auprès du gouvernement suédois, tandis qu'un Oxenstiern allait en France comme nous le verrons tout à l'heure. Le maréchal de Turenne, de concert avec les généraux suédois, enleva pour ainsi dire à la pointe de son épée l'Alsace qui, grâce à cette coopération, fut réunie à la France. Des savants nombreux tels qu'un Descartes, qui alla mourir en Suède, un Saumaise qui s'établit à Stockholm en 1650, et d'autres sommités de la science et de la culture françaises furent attirés en Suède par la reine Christine, laquelle, plus tard, après avoir renoncé à la couronne, s'en vint en personne à deux reprises à Paris, où elle fut reçue avec tous les honneurs dus à son rang.

Des régiments suédois furent incorporés dans l'armée française vers la seconde moitié du XVIIe siècle et eurent pour chefs des nobles suédois, parmi lesquels il faut compter les célèbres comtes de Königsmarck, dont l'un fut le grand-père maternel du fameux Maurice de Saxe, lequel, un siècle plus tard, devint une des gloires de l'armée française.

En 1690, un nouveau régiment français fut en partie créé, avec des prisonniers pris à la bataille de Fleurus, parmi les troupes suédoises au service de la Hollande. Ce régiment, commandé à partir de l'année 1694 par le fameux comte Eric Sparre, reçut dans la suite le nom de Royal Suédois et subsista sous ce nom jusqu'à la Révolution. Il est aujourd'hui représenté par le vaillant 89e de ligne, qui, pendant la guerre actuelle, s'est distingué en plusieurs occasions.

Les jeunes nobles suédois, qui en grand nombre avaient reçu leur éducation militaire dans les académies en France, soit à Paris, soit à Orléans, demandèrent à entrer dans l'armée française. J'ai noté une lettre écrite en 1691 au ministre de Suède à Paris par un de ces jeunes gens en vue d'obtenir sa protection pour être nommé officier dans l'armée française. Pour motiver son désir de servir le roi de France il ajoute : *tout le monde convient que c'est en France où la guerre se fait dans la dernière perfection.*

Mais ce ne sont pas uniquement les militaires qui vers cette époque surent apprécier la France et en garder une opinion favorable. Un homme d'esprit suédois de la plus haute noblesse, doublé d'un philosophe-moraliste, arrière-petit-neveu du grand chancelier Oxenstiern, dont nous nous occuperons tout à l'heure, a écrit vers la fin du XVIIe siècle dans son ouvrage : *Pensées sur divers sujets*, le jugement suivant sur la France, très flatteur en même temps que très juste :

« Enfin, me voici en France, *le plus beau royaume de l'Europe !* C'est un pays où les Muses résident, où les sciences habitent, où Mars tient son école et la religion catholique est dans son lustre. La civilité est comme naturalisée, l'honnêteté fleurit, la justice agit et la clémence brille dans ce merveilleux pays, où la nature a prodigué ses libéralités, et le peuple lui témoigne sa reconnaissance par ses soins et son travail. Heureux pays ! La patrie des étrangers et l'asile des grands princes malheureux ! Le bon vin y fait chanter, la bonne chère y est accompagnée par des bons mots. La constance n'y est pas à la mode et la mode y est inconstante. La fortune y enfle et la disgrâce y désespère. »

On voit donc que la France et la Suède, bien avant le XVIIIe siècle, ont eu des relations très suivies, et que l'influence française a été des plus profitables pour les Suédois. Nous sommes, en effet, dans une très large mesure redevables, à la France pour notre civilisation, qui nous a valu la dénomination de *Français du Nord*, titre glorieux, dont nous sommes très fiers, et dont, je l'espère de tout mon cœur, nous resterons toujours dignes.

Nous allons maintenant étudier de plus près le voyage qu'entreprit en France, en 1635, le chancelier de Suède, Axel Oxenstiern, le grand ministre de Gustave-Adolphe et Régent de Suède, qui, tout comme les hommes d'Etat de nos jours, se dérangeait pour aller traiter de vive voix avec ses collègues des questions d'intérêt capital.

Je laisserai la politique à part ; nous ne nous en

occuperons donc ici qu'exceptionnellement. Les côtés anecdotiques et pittoresques du voyage, par contre, feront l'objet de remarques plus nombreuses, bien que je sois forcé de me limiter et d'omettre maints détails d'un intérêt secondaire.

Après la mort héroïque de Gustave-Adolphe en 1632, sur le champ de bataille de Lutzen, le chancelier Oxenstiern fut élu Directeur général des intérêts politiques et militaires de la ligue protestante contre l'empereur et les états catholiques d'Allemagne.

La Suède avait été l'alliée de la France, mais les liens commençaient à se relâcher. La mort de Gustave-Adolphe n'avait certes rien changé à la situation prépondérante de la Suède en Allemagne, quand survint la malheureuse bataille de Nordlingen le 27 août 1634. Ce fut un coup terrible, non seulement pour la cause suédoise, mais aussi pour toute la ligue des princes protestants confédérés, dont plusieurs commencèrent à douter du succès final et quelques-uns même s'étaient ouvertement rapprochés du camp ennemi.

Oxenstiern voyait bien que le cardinal de Richelieu cherchait à placer la France à la tête des coalisés contre l'empereur, ce qui pouvait d'autant moins convenir au Directeur général, que les hommes d'Etat français ne voulaient pas faire entrer leur pays dans la lutte autrement que par des subsides, l'armée française n'étant pas à cette époque très bien organisée, ce que Richelieu n'ignorait certainement pas. Oxenstiern, par contre, jugeait nécessaire que la France prît une part active aux opérations militaires.

La situation de la Suède était, sinon désespérée, du moins très grave. Oxenstiern écrit au gouvernement suédois les paroles suivantes qui démontrent son inquiétude :

« Je ne vois presque plus personne à qui Votre Majesté puisse se fier. Ceux qui auparavant nous exaltaient jusqu'au ciel, disent maintenant que c'est notre nation qui a causé leur ruine, et ils essayent de cacher leurs propres fautes et défaillances en accusant autrui. La plupart laissent tomber les bras, et il y en a même qui méditent des projets extrêmement dangereux. »

De son côté Richelieu écrit à Louis XIII, déjà peu de temps après la bataille de Nordlingen, une lettre qui nous fait comprendre qu'en France on se rendait bien compte de la situation embarrassante de la Suède. Il y dit notamment : « Arnault part demain (13 septembre 1634) pour donner courage à Oxenstiern et aux confédérés, qui, d'après ce que nous pouvons juger, ont grandement besoin d'être fortifiés. »

Oxenstiern, de concert avec la Diète de Francfort,

CARTE DE L'EUROPE EN 1635

reconnaissait la nécessité de l'intervention armée de la France. A cette fin la Diète envoya des négociateurs en France. Les conditions qu'ils obtinrent furent ratifiées à Worms le 28 novembre 1634, mais Oxenstiern, en sa qualité de Régent de Suède et Directeur général, pour des raisons qu'il est inutile d'énumérer ici, ne pouvait pas approuver ces conditions. Reconnaissant toutefois la nécessité d'un rapprochement entre la France et la Suède, mais à des conditions plus acceptables pour la Suède, il résolut d'expédier en France comme ambassadeur le savant Hugo Grotius ou de Groot avec des instructions datées du 26 décembre 1634. Les négociations de celui-ci traînaient en longueur et l'alliance entre la France et la Suède de 1633 était rompue du fait de la décision de la confédération de Heilbronn. Oxenstiern, qui devait se rendre dans le nord de l'Allemagne, de Worms, où il se trouvait, et qui comprenait l'importance d'aboutir au plus tôt à une conclusion, se décida à passer par la France et à voir personnellement le cardinal de Richelieu dans l'espoir d'activer ainsi les négociations de Grotius. Ces espérances ne se réalisèrent pas entièrement, une véritable alliance entre les deux pays ne devant être signée qu'en 1638, à Hambourg; mais, vu la position tout à fait exceptionnelle d'Oxenstiern comme Régent de Suède et Directeur général en Allemagne, on est pleinement autorisé à attacher une très grande importance à ce voyage, dont nous allons maintenant suivre les péripéties.

CORTÈGE DE VOYAGE AU XVIIe SIÈCLE.

La haute situation d'Oxenstiern exigeait, pour un voyage officiel, un appareil considérable et compliqué. Il comportait une suite faisant honneur, non seulement à la Suède, mais aussi aux princes protestants confédérés représentés par le chancelier. Cette suite, d'environ deux cents personnes, était néanmoins assez modeste à une époque où le cardinal de Richelieu, dans son fameux voyage d'inspection dans le Roussillon, se faisait accompagner de plus de mille personnes, et où le général Wallenstein, le fameux capitaine de l'empereur, n'en entretenait pas moins, dans son camp, uniquement pour son service personnel.

A cette époque il fallait penser à tout. Oxenstiern voyageait donc accompagné, outre son entourage intime, du personnel suivant : un interprète, un caissier, un commis de bureau, un aumônier, un docteur-pharmacien, un vétérinaire, des cuisiniers et marmitons, des tailleurs, un forgeron, un carrossier, des porteurs, écuyers, palefreniers, coupeurs de paille, soldats de l'escorte et gardes. Tout ce monde était commandé par un maire du palais, un Français nommé de Mortaigne, qui devait surveiller, non seulement les dispositions prises avant le départ, mais aussi tout ce qui se rapportait aux logements et aux itinéraires pendant le trajet.

Pour son entourage personnel, le chancelier avait, en dehors des employés de bureau, plusieurs jeunes gentilshommes de la plus haute noblesse, parmi lesquels il faut nommer le chambellan baron Rålamb qui appartenait à la même famille que l'attaché militaire actuel de la Suède en France. Ce jeune homme mourut à Paris des suites d'une ruade de cheval. Parmi les autres gentilshommes on remarqua le beau comte Josias de Rantzau, un Danois qui servait dans l'armée suédoise avec le grade de général-major, et qui, après le départ d'Oxenstiern, passa au service du roi de France, où il parvint au grade élevé de maréchal de France. C'était un guer-

L'ÉQUIPAGE ET LA GARDE D'UN GRAND SEIGNEUR EN VOYAGE AU XVIIe SIÈCLE.

rier farouche et courageux, et l'on raconte qu'à sa mort, en 1650, il n'avait plus qu'une jambe, qu'un bras, qu'un œil et qu'une oreille. On n'en prétendait pas moins qu'Anne d'Autriche ne fut point insensible à ses charmes, au point qu'il serait un des nombreux pères prétendus de Louis XIV.

C'est donc avec cette suite qu'Oxenstiern partit de Worms le 1er avril.

Avant de continuer ce récit, je me permettrai de dire quelques mots sur la manière de voyager en ce temps-là, c'est-à-dire il y a environ deux cent quatre-vingts ans.

***

Les voyages d'agrément, comme nous les entendons, étaient à peu près inconnus au XVIIe siècle. Ce qui n'empêchait point de voyager souvent, pour affaires, pour demander du service dans l'armée ou à la cour, pour visiter les familles aux grandes fêtes, aux mariages, baptêmes et enterrements, pour consulter des docteurs fameux dans les villes et pour aller aux eaux. Les jeunes gens allaient à l'université ou dans les centres industriels pour apprendre un métier. Les nobles de tous les pays venaient surtout à Paris pour étudier dans les académies de chevalerie. Les percepteurs et les fermiers voyageaient pour les échéances, et les diplomates ou négociateurs pour les affaires d'État.

La cour se transportait d'un château à l'autre avec grande pompe et avec des suites nombreuses. Mais autrement les routes étaient fréquentées par des soldats, par des aventuriers de toutes sortes, des bohémiens, des cabotins de basse classe, des mendiants, et des chevaliers d'industrie. Dans les bois il y avait des brigands.

Les seigneurs se tenaient tranquillement dans

leurs châteaux souvent fortifiés, les artisans ne sortaient guère de leur ville natale et les femmes voyageaient rarement et presque jamais à l'étranger. Un voyage un peu long était toujours considéré comme une entreprise très grave. Il fallait tout prévoir. On faisait son testament et on recommandait son âme à Dieu, car on était presque convaincu que l'on ne reviendrait pas vivant.

Outre que les routes étaient détestables, les moyens de transport étaient très primitifs, de manière qu'il n'y avait rien pour vous tenter. C'est surtout quand il s'agissait de voyages plus longs qu'on avait à compter avec le mauvais état des routes. Il y en avait du reste fort peu de carrossables. En France, les excellentes routes militaires construites par les Romains avaient été, soit détruites pendant le moyen âge, soit dégradées par l'usure. On avançait souvent dans des carrières profondes et à travers des mares d'eau et de boue empestées. Quelquefois on était arrêté par des fissures si larges qu'il fallait des heures pour les réparer tant bien que mal. Souvent les ponts s'étaient effondrés, ou bien les routes étaient inondées, ce qui forçait le voyageur à faire des détours de plusieurs kilomètres. On peut se faire une idée de l'état des choses quand on apprend que l'ambassadeur vénitien Lippomanno, qui, en 1577, avait à parcourir environ dix-huit kilomètres entre Bordeaux et la Touraine, mettait, à cause de la boue, toute une journée pour faire ce trajet.

Au début du XVIIe siècle il n'existait en France que quatre bonnes routes carrossables pour les voitures de maître : de Paris à Orléans, de Paris à Amiens, de Paris à Dijon, et de Poitiers à Tours. Les autres routes n'étaient praticables que pour les petites charrettes des paysans. La plupart des voyageurs allaient donc à cheval, les dames souvent en litière portée par des mulets ou par des hommes. Quelques routes étaient, néanmoins, déjà vers la fin du XVIe siècle, assez présentables et bordées d'allées d'ormes. C'est déjà sous Henri II que les seigneurs et les paysans furent obligés de planter des ormes en bordure des routes afin de permettre à l'Etat de se procurer du bois propre à la fabrication des affûts de canon.

On ne voyageait guère sans un guide qui connaissait bien les routes et le pays, vu que les poteaux indicateurs étaient très rares et les inscriptions le plus souvent illisibles. Ce n'était du reste pas sans risques qu'on se confiait à ces guides qui pouvaient avoir des intelligences avec des hôteliers de mauvais aloi, voire même avec des brigands. En général on ne voyageait pas la nuit, sauf dans des cas exceptionnels, et l'on était forcé d'être armé jusqu'aux dents.

Encore fort en avant dans le XVIIe siècle le danger

de voyager était assez grand. Quand, en 1638, le jeune prince Charles (plus tard le roi Charles X de Suède), se rendit à Paris, il avait l'intention de débarquer à Calais, mais, à cause des troubles sur les routes de Picardie, il poussa jusqu'à Dieppe, d'où il alla à Paris par Rouen en mettant quatre jours pour un trajet qui, aujourd'hui, se fait en quelques heures. En cette même année, lorsqu'il projeta une visite chez le duc Bernard de Saxe-Weimar, son maréchal de la cour écrit à son père : « Il est très difficile d'avancer, autrement que par la Suisse, où il y a toujours des soldats sur les routes, mais autrement nous ne pouvons pas avancer sans grand danger (pericel) . » Quelques années plus tard, un jeune Suédois, le comte de Sparre, qui devait aller de Paris à Calais, écrit à son oncle, le chancelier Oxenstiern : « Nous sommes prêts à partir de Paris un de ces jours, quoiqu'il fasse fort dangereux, quelque chemin que l'on prenne . »

La nuit, on se faisait précéder par des porteurs de torches, et l'on procédait pas à pas, car on risquait de rencontrer d'autres voitures, de se heurter contre des arbres tombés à travers la route ou de se trouver en face de ponts délabrés.

En général, on voyageait très lentement, en partie à cause du poids des carrosses dépourvus de ressorts. Quand Marie de Médicis, en 1601, étant grosse de sept mois, se rendit de Paris à Fontainebleau, elle y mit quarante-huit heures, et le maréchal de la cour du prince Charles, mentionné plus haut, qui allait de Paris en Bourgogne, mettait

CARROSSE DE VOYAGE (XVIIe SIÈCLE).

cinq jours pour arriver à Montfort, à cause du mauvais état des routes et du mauvais temps.

Ceux qui allaient à cheval avançaient un peu plus vite, surtout les courriers et les porteurs de dépêches, mais comme les cavaliers, le plus souvent, étaient accompagnés de leur équipage et de leurs escortes, ils étaient le plus souvent contraints de se contenter d'une allure modérée.

Aux entrées des villes on faisait des difficultés et on avait beaucoup de formalités à remplir avant

UN GRAND SEIGNEUR ARRIVE DANS UNE VILLE (XVIIe SIÈCLE).

d'obtenir la permission de passer les remparts qui entouraient toutes les villes. Ces précautions étaient en partie dictées par la peur de la peste ; il fallait produire un certificat établissant que l'on ne venait pas d'une ville ou d'un pays infesté. Les voyageurs de marque, par contre, on les recevait avec beaucoup de solennité et leur arrivée était une fête.

Du temps d'Oxenstiern, les carrosses étaient devenus très à la mode, mais quelques dizaines d'années plus tôt, ils étaient encore assez rares, même à Paris et dans les classes supérieures. Oxenstiern, qui avait déjà 52 ans, se servait d'un carrosse, on le sait par son livre de dépenses; mais Henri IV ne paraît avoir possédé qu'un carrosse en commun avec la reine, il écrit à Sully, qu'il ne pouvait pas lui rendre visite, « car ma femme a pris mon carrosse ».

Mais plus tard, vers 1645, quand le fils d'Oxenstiern se trouvait à Paris pour ses études, ce jeune homme de 18 ans écrit à son père qu'il avait été forcé d'acheter un carrosse et deux chevaux pour la somme assez considérable de 4.000 livres, « ce qui est indispensable à Paris, où l'on a presque honte de traverser la rue à pied ».

Quand des dames de qualité voyageaient dans ce temps-là, c'était toujours avec beaucoup de faste et en grand apparat. Mme de Sévigné nous a raconté de quelle manière Mme de Montespan allait aux eaux de Bourbon. Elle avait deux carrosses à six chevaux, deux grands fourgons, dix gardes à cheval et plusieurs officiers, en tout quarante-cinq personnes.

Enfin, le voyage au XVIIe siècle n'était pas une sinécure.

Nous allons voir, dans la suite, de quelle manière le chancelier de Suède accomplit le trajet depuis Worms jusqu'à Dieppe, où il s'embarqua pour aller en Hollande. Je dois toutefois prévenir le lecteur que le récit ne pourra être qu'un squelette, le sujet étant trop vaste, car les détails abondent, grâce au livre de dépenses du chancelier ou plutôt de son caissier. Ce document a été retrouvé par moi

UNE GRANDE DAME EN VOYAGE (XVIIe SIÈCLE).

dans les archives du château de Tidö, appartenant anciennement à Oxenstiern et actuellement la propriété de M. de Schinkel. On y voit inscrites, jour après jour, toutes les dépenses faites pendant le voyage : les pourboires, la nourriture des chevaux et en partie des hommes, les gages, les vêtements riches, aussi bien que les pièces de livrées pour les domestiques, les chevaux de louage, enfin une infinité de détails qu'il serait intéressant d'énumérer mais qui prendraient trop de place dans ce modeste volume. Je dois donc me borner à donner par-ci, par-là, quelques extraits de ce document si précieux pour la connaissance de la vie privée à l'époque que l'on est convenu d'appeler le « Grand Siècle ».

***

Oxenstiern se trouvait, comme je viens de le dire, à Worms, vieille ville épiscopale où Luther, en 1521, avait défendu ses idées réformatrices devant la Diète. C'est de cette ville que partit le chancelier pour son voyage. Le départ eut lieu le 1er avril, et l'on peut être certain que la sortie de la ville se fit avec la solennité habituelle en pareille occasion. Oxenstiern était personnellement d'une modestie légendaire, et n'attachait aucune importance à des cérémonies de ce genre; mais, d'un autre côté, il fut assez grand seigneur et aristocrate trop consommé pour ne pas trouver naturel qu'il devait en de certaines occasions se présenter avec tout l'éclat qui convenait au Directeur général des confédérés et au grand chancelier Régent de Suède.

Le voyage était connu de toute l'Europe. La *Gazette de France* avait ébruité la nouvelle en insérant la notice suivante : « Le grand-chancelier partira pour la France le dernier de ce mois. » Oxenstiern avait déjà, en date du 19 mars, annoncé au gouvernement français qu'il avait l'intention de traverser la France et de voir le roi et Richelieu en passant pour leur rendre compte de la situation politique, de même qu'il maifestait une grande envie d'entendre de leurs lèvres ce qu'ils avaient décidé.

Louis XIII et Richelieu se préparaient aussi à recevoir le célèbre hôte d'une façon digne de lui. Bien qu'il ne faille pas trop se fier à des phrases de politesse que, dans une lettre datée du 29 mars, Richelieu écrivit à Oxenstiern pour lui souhaiter la bienvenue, il n'est pas sans intérêt de lire la lettre en question :

EXCELLENTISSIME DOMINE CANCELARIE,

J'ai reçu avec grand contentement les lettres de Vostre Excellence et les tesmoignages qu'il luy plaist me rendre de son amitié et de son estime, qui me sera toujours très chère, comme honorant grandement sa personne, et en faisant un cas particulier des qualitez qui sont en Elle. Vous pouvez bien croire qu'il m'est impossible de ne désirer pas voir une personne du mérite de Vostre Excellence; je me resjoui en l'espérance que j'en ay. Le Roy tiendra tousjours à faveur son passage par Sa cour, comme vous tesmoignera le Seigneur de la Grange. Cependant Sa Majesté remet à Vostre Excellence de prendre des mesures à ce sujet selon qu'elle l'estimera plus à propos. Pour moy je tiendray à faveur particulièrement de luy tesmoigner en toutes façons que je suis, etc.

Cardinal DE RICHELIEU.

En tous les cas, le voyage était bien préparé et la sortie de Worms doit s'être effectuée de la manière suivante : A la tête du cortège venait, selon toutes les probabilités, le maître d'hôtel de Mortaigne suivi de près par des trompettes, des tambours et des soldats à cheval. Puis venait le chancelier, dans son carrosse attelé de six chevaux, suivi d'un autre carrosse pour la chancellerie et d'un nombre imposant de fourgons, le tout escorté par des gentilshommes à cheval, des trabans, des mousquetaires ainsi que des gardes à pied et à cheval. Le général de Rantzau et sa suite personnelle formaient probablement un groupe à part.

Bref, ce fut un cortège qui ne manquait pas d'éveiller la curiosité dans les villes et places par où il passait, d'autant plus que le nom d'Oxenstiern était connu dans toute l'Allemagne jusque dans les chambres d'enfants, car on avait composé sur son nom un poème que les mamans chantaient aux enfants qui refusaient de faire leurs prières :

> Prie, petit enfant, prie,
> Autrement viendra le Suédois,
> Autrement viendra Oxenstiern.
> Il trouvera le moyen de te faire prier.

La première ville où cet imposant cortège fit halte fut Frankenthal, connue pour ses fonderies de cloches et son bon vin et que le chancelier atteignit le même jour qu'il avait quitté Worms, c'est-à-dire le 1er avril. Cette petite ville était alors occupée par les troupes suédoises, aussi l'accueil fut-il aussi grandiose que cordial.

Déjà, le lendemain, le voyage continua par les villes de Neustadt, Landau, Weissenburg, Haguenau ; le septième jour le cortège était parvenu à Strasbourg, où le chancelier fut reçu avec grande pompe et magnificence. A la porte de la ville se tenaient les échevins dont l'un offrit à boire à l'illustre voyageur. La garde de la ville l'escorta et les professeurs de l'université lui adressèrent des harangues et des compliments. Le chancelier visita l'arsenal et l'université. La réception paraît avoir été au gré d'Oxenstiern, car aux archives départementales de Strasbourg on garde encore une lettre écrite par lui et adressée au « Meister und Raht zu Strassburg » et dans laquelle il se loue beaucoup de la réception que la ville lui avait offerte.

A titre de curiosité, je puis citer une réflexion qu'Oxenstiern, pendant son séjour à Strasbourg, inscrivit dans un album actuellement conservé dans une collection privée à La Haye : *Violenta imperia nemo continuit diu, moderata durant.* Ce qui veut dire à peu près que les maîtres violents ne font pas grand feu, tandis que les modérés ont de la chance de rester au pouvoir.

Le 11 avril, Oxenstiern partit pour Saverne, d'où il se rendit à Phalsbourg et Sarrebourg. Il quitta cette dernière ville le 14 avril et le même jour il arriva à Blamont qui, actuellement, fait partie du département de Meurthe-et-Moselle, mais, en 1635, était une ville et château fort appartenant à la Lorraine.

Il est probable qu'Oxenstiern fut logé au château qui, à cette époque, était remarquable mais qui plus tard a été ruiné. C'est ici qu'Oxenstiern fut reçu par une assez forte garde d'honneur qui avait l'ordre de l'accompagner pendant tout son voyage en France. D'après le livre de dépenses il paraît qu'il y avait 144 chevaux à nourrir pendant ce séjour à Blamont ; Oxenstiern dut payer environ 150 livres pour le fourrage.

Après Blamont ce fut à Lunéville et à Nancy que le célèbre voyageur s'arrêta. La réception à Nancy paraît avoir été grandiose à en juger d'après les pourboires distribués : 36 tambours, 4 trompettes, deux bandes de musiciens ainsi que les gardes et agents de sûreté de la ville reçurent tous du chancelier des pourboires et des cadeaux assez importants.

Par Toul, Saint-Aubin, Châlons-sur-Marne, Fromentières et Montmirail, le cortège poursuivit sa marche lente jusqu'à Meaux, où l'entrée solennelle paraît avoir égalé celle de Nancy.

Pour saluer le chancelier, l'ambassadeur Grotius s'était rendu à Meaux. Dans son ouvrage *Vie de Grotius*, Burigny prétend que c'est à Soissons qu'Oxenstiern fut reçu par Grotius. Ceci paraît néanmoins peu probable car, dans le livre de dépenses, on ne trouve pas de trace d'un arrêt à Soissons, mais bien à Fromentières, à Montmirail et à Bussières. Une annotation ayant rapport à Grotius donne de l'apparence à ma supposi-

CHATEAU DE NANCY VERS LE MILIEU DU XVIIe SIÈCLE.

tion ; il y est marqué, le 14 avril, quand Oxenstiern était déjà depuis vingt-quatre heures à Meaux, qu'un des jeunes officiers de sa suite, le sieur Trotzig, toucha 19 rixdalles, environ 60 livres, « pour aller chercher l'ambassadeur Grotius ». Il paraît donc évident qu'Oxenstiern changea de route et qu'en conséquence l'on envoya chercher Grotius qui, sans doute, attendait le chancelier à Soissons.

Un autre épisode raconté par un jeune officier suédois, concernant une prétendue visite qu'Oxenstiern aurait faite à Reims, n'a pas non plus beaucoup de fondement. C'est un officier suédois du régiment français de Fersen qui, dans ses mémoires, décrit un séjour qu'il fit à Reims en 1751. Il serait allé, entre autres, voir la maison « où le chancelier du royaume, comte Oxenstiern, avait logé, et où on lui avait montré la chambre dans laquelle un barbier aurait voulu assassiner le chancelier, qui aurait été sauvé par son petit chien ».

Le livre de dépenses ne contient aucune note se rapportant à Reims.

Il est, dans tous les cas, certain qu'Oxenstiern est resté, au moins pendant quarante-huit heures, à Meaux, et que c'est de là qu'il se mit en route pour Compiègne accompagné par Grotius et sa nombreuse suite. Au départ de Meaux la dépense pour la nourriture ainsi que pour le fourrage des chevaux pendant deux jours s'éleva à 42 pistoles (environ 420 livres); une demi-pistole (5 livres) est inscrite, en outre, pour une cuillère volée, et les valets et servantes de la maison touchèrent dix livres de pourboires.

Le départ de Meaux eut lieu le 25 avril, et le même jour on arriva à Crépy-en-Valois, petite ville à vingt kilomètres de Compiègne. Ici l'on fit l'acquisition de divers objets de toilette pour la suite, dont l'accoutrement parut sans doute un peu trop simple pour des personnes escortant le

Régent de la Suède. On acheta notamment : six chapeaux pour 60 livres, trois paires de bas pour 10 livres, cinq paires de gants pour 3 livres. Déjà, à Châlons-sur-Marne, on avait acheté quatre chapeaux avec plumes pour un cocher et des palefreniers : coût 21 livres.

Le séjour à Crépy fut de courte durée, et déjà, le lendemain de l'arrivée, le chancelier se mit en route pour Compiègne où il était attendu par Louis XIII et Richelieu. Il est évident que c'est au cours du voyage qu'Oxenstiern avait été informé que l'audience aurait lieu à Compiègne et non à Paris, car, autrement, il n'aurait certes pas fait le détour par Meaux.

Richelieu écrit de Compiègne à l'ambassadeur Hercule de Charnacé, en date du 25 avril : « Nous partirons samedi d'icy (Compiègne), où nous sommes demeurés jusqu'à présent pour attendre le chancelier Oxenstiern. » Le fait est que le roi et son premier ministre se disposaient à entreprendre un voyage pour inspecter les forteresses à la frontière du nord-est, notamment Péronne.

Le départ de Crépy s'effectua le 26 avril, vers midi, et quelques heures plus tard le chancelier se trouva en face de la mission extraordinaire que Louis XIII avait envoyée à sa rencontre, et qui l'attendait à mi-chemin (environ 9 kilom.), entre Compiègne et Crépy, ce qui correspond aux mémoires du comte de Bruslon, dont je parlerai tout à l'heure, et où il est dit que la rencontre se fit à deux lieues de Compiègne.

C'était une mission imposante autant que splendide qui reçut le gentilhomme suédois, lequel sans doute n'en avait jamais vu de semblable, car, n'ayant pas eu l'occasion de voir la cour de l'empereur, il est peu probable qu'aucun des princes protestants d'Allemagne ait pu étaler un luxe égalant celui de la cour de France.

Le chef de la mission était Louis de Valois, comte d'Alais, plus tard duc d'Angoulême. Il était le fils du célèbre duc d'Angoulême qui lui-même était fils du roi Charles IX et de Marie Touchet. Le comte d'Alais était donc en quelque sorte un membre de la maison royale de France ; il était considéré comme un instrument docile dans les mains de Richelieu. La comtesse, une fort belle femme d'une beauté un peu robuste, se maria en secondes noces à un M. de Rhodes, ce qui donna sujet à la spirituelle Mme de Rambouillet de l'appeler « le colosse de Rhodes ». D'Alais n'était pas un homme très doué, et sa nomination de gouverneur de la Provence ne fut, paraît-il, obtenue que grâce à une certaine facilité de plier sous la volonté du puissant cardinal.

Comme chef de la mission chargée d'aller à la

rencontre d'Oxenstiern, il devait saluer celui-ci et se mettre à sa disposition pendant le séjour de Compiègne.

A côté de M. d'Alais se trouvait le comte Anne de Bruslon, qui, à l'époque de la visite d'Oxenstiern, remplissait les fonctions d'introducteur des ambassadeurs. Il était aussi propriétaire d'un régiment (?) de dragons, qu'on plaisanta beaucoup au milieu du XVIIe siècle, prétendant qu'il ne se composait que de cinq dragons et de quatre tambours. A l'occasion du siège de Corbie (1636) on chantait, en effet :

Ce grand foudre de guerre,
Le comte de Bruslons,
Etait comme un tonnerre
Dedans son bataillon
Composé de cinq hommes
Et de quatre tambours,
Criant : « Hélas, nous sommes
A la fin de nos jours ! »

Il était d'ailleurs membre de la société littéraire qu'on nommait l'Académie d'Auchy, qui était considérée comme une faible imitation du salon littéraire de la marquise de Rambouillet.

Ces messieurs, accompagnés d'une suite superbe et brillante de gentilshommes et d'officiers à cheval, amenaient avec eux les carrosses de gala du roi et de la reine ainsi que huit autres carrosses, tous attelés de six chevaux richement harnachés et panachés.

Il n'a pas été dit exactement où la rencontre eut lieu, mais il est permis de supposer que ce fut près d'un château ou dans un village, dont le nom

CORTÈGE D'UN GRAND SEIGNEUR A L'APPROCHE D'UNE VILLE (SOISSONS, XVIIe SIÈCLE).

n'a pas été donné. Le cérémonial dans des occasions semblables était alors excessivement compliqué, et il est à présumer que beaucoup de temps se passa en cérémonies, en harangues interminables et en politesses oiseuses.

Le cortège une fois en route a dû être magnifique. Oxenstiern avec les comtes d'Alais et de Bruslon occupaient sans doute le carrosse du roi, suivi du carrosse de la reine marchant à vide pour marquer une grande déférence envers le chancelier.

D'une allure solennelle et grave on n'avançait que pas à pas, et l'arrivée à Compiègne, malgré le peu de distance, n'eut lieu qu'assez tard.

L'ancien château de Compiègne, tel qu'il existait encore à l'époque de la visite d'Oxenstiern, fut un de ceux où Henri IV et Louis XIII se plaisaient le mieux. Il avait été construit en partie par Louis de Gonzague, duc de Nevers, après la bataille de Saint-Quentin (1557). Situé près des forêts de Laigue et de Compiègne, ses environs offraient aux monarques des chasses superbes. Aussi se retiraient-ils souvent au château, où ils étaient relativement débarrassés des fastes et des cérémonies de la cour. Mais le château étant fort modeste et assez petit, il n'y avait guère de place pour recevoir des étrangers de marque, surtout quand la reine y faisait des stations en même temps que le roi. L'usage était, dans des occasions semblables, de loger les hôtes comme Oxenstiern dans des maisons particulières de la ville.

Oxenstiern et sa suite furent donc logés chez les bourgeois les plus huppés de Compiègne, MM. Antoine et Gilles Charmolue et Fr. Seroux. Dans le journal du comte de Bruslon il est dit qu'Oxenstiern fut conduit à « l'un des plus beaux logis de la ville, que le roi avait fait meubler exprès de ses plus beaux meubles ».

Mais revenons à l'arrivée, qui eut lieu à une heure assez avancée de l'après-midi. A la porte

UN GRAND SEIGNEUR REÇU A LA PORTE D'UNE VILLE (XVIIe SIÈCLE).

principale de la ville se tenaient les échevins entourant le principal fonctionnaire municipal, lequel sans doute reçut le célèbre voyageur avec le discours réglementaire. Les petites rues étroites résonnaient de coups de clairons et de roulements de tambours. De l'hôtel de ville, une belle bâtisse de style gothique flamboyant flottaient des étendards; les balcons étaient ornés d'étoffes riches, et les habitants, qui rarement avaient l'occasion d'assister à de pareilles solennités, s'étaient indubitablement rassemblés le long des rues où passait le cortège.

A peine installé dans la maison que le roi avait

mise à sa disposition, Oxenstiern reçut la visite du marquis plus tard duc de la Meilleraye, grand

COMPIÈGNE AU XVIIe SIÈCLE.

maître de l'artillerie et maréchal de France, qui venait au nom du roi saluer l'illustre voyageur.

Une autre visite fut celle que lui rendirent les délégués des échevins, qui au nom de la ville, selon l'usage, venaient lui offrir des cadeaux. On ne sait pas au juste ce que ces messieurs ont apporté, mais je me permettrai de relater ici ce que les bourgeois de Paris en 1602 offrirent à un ambassadeur suisse : le *premier jour* de l'hypocras (vin blanc sucré dans lequel on a fait macérer de la cannelle), vin clairet, des bougies de cire jaune ; *deuxième jour*, grand nombre de bouteilles de vin blanc et de vin clairet, des pâtés et des jambons de Mayence ; *troisième jour*, des bonbons et dragées, des confitures, du vin nouveau et de l'hypocras.

Pendant son séjour à Compiègne, Oxenstiern était défrayé par le roi et traité par ses officiers, ce qui était une grande distinction. Quand un ambassadeur arrivait à la cour de France, il était, ou traité par présents, ou traité par les officiers. Conformément à cette dernière manière, qui était la plus distinguée, le roi faisait porter chez l'ambassadeur le vin, la viande, les volailles, le gibier, etc., etc., qui ensuite étaient préparés par les cuisiniers et servis par les officiers et gentilshommes du roi. Suivant la première manière les viandes, etc., ainsi que le vin, étaient seulement envoyés par le roi, mais la cuisine ainsi que le service étaient faits par les gens de l'ambassadeur.

Oxenstiern fut bien servi, ainsi qu'il l'écrit à son

fils aîné. Dans *Le Mercure Français,* il est dit qu'Oxenstiern aurait déclaré à l'ambassadeur Grotius : « qu'il y avait de l'excès, et qu'il était contraint à dérober de quelques repas ».

Pour donner une idée des festins copieux de ce temps, je me permettrai de citer ici l'addition d'un repas pour les trois jeunes neveux d'Oxenstiern et de leur gouverneur, qui se trouvèrent à Paris pour leurs études et partirent pour la Suède en même temps que leur illustre oncle :

Messieurs les Barons ont eu pour leur disner du 5 novembre 1634 :

Deux volailles bouillies avec les fournitures de saulcisses, cardes, etc.	5 livres
Deux pastés de godivau.	2.10
Un jambon de Mayence	6.10
Une grosse pièce de bœuf de poitrine. . . .	1.12
Une longe de veau rostie	2.
Un grand coq d'Inde	3.4
Deux perdrix et deux bécasses avec quatre douzaines d'alouettes.	10.10
Oranges, citrons, choux-fleurs, artichots, salades.	4.
Biscuits et maccarons	1.12
Poires, pommes, marrons.	2.
Quatre plats de confitures	3.4
Beurre et fromage.	».16
Vingt-quatre pains à la mode	1.14
Six pièces de bois	».9
Quarante-trois bouteilles de vin	34.8

Quatre bouteilles de bière.	».16
Le souper d'un gentilhomme et de deux garçons.	».16
Quatre pipes et tabac	».7
Verres cassés	1.12
Ce qui faisait un total de livres. . .	83.6 d.

J'ay reçu la ditte somme de quatre-vingt trois livres, six sols de monsieur le gouverneur le 11 novembre 1634.

Fr. d'Or.

Ce François d'Or était un pasteur de Sedan, qui avait été déposé en 1619 et banni de la principauté, parce qu'il était devenu arminien. Il tenait une pension à Paris pour des jeunes Flamands et des Allemands. Pendant quelque temps il fut aussi aumônier de l'ambassadeur Grotius.

Ce n'est que le lendemain de l'arrivée que les audiences solennelles eurent lieu. Le même jour, le chancelier fut voir le cardinal officiellement, ce qui n'empêche point qu'il ait pu le voir déjà le soir de l'arrivée, comme cela se pratiqua quelquefois. Quand la reine Christine de Suède visita la cour de France en 1656, elle s'était arrêtée à Chantilly avant d'aller à Compiègne ; la curiosité de voir cette reine célèbre par sa haute intelligence, sa renonciation à la couronne et son changement de religion,

LOUIS XIII.

fut si grande, que Louis XIV et son frère, Monsieur (le duc d'Orléans), allèrent la saluer à Chantilly et se firent présenter à la reine comme de simples gentilshommes, dont l'identité bien entendu n'avait point de secret pour l'illustre dame.

Les comtes d'Alais et de Bruslon furent chercher Oxenstiern à sa demeure dans la matinée et prirent place avec lui dans le carrosse de gala du roi ; le carrosse de la reine suivait comme à l'arrivée. L'ambassadeur Grotius, qui faisait partie du cortège, allait selon toute probabilité dans son propre carrosse.

Les audiences commencèrent chez le roi. Je vous épargnerai le compte rendu du cérémonial observé en cette occasion, je vous dirai donc seulement qu'une garde nombreuse faisait la haie partout au passage du chancelier, et que les trompettes et les tambours sonnèrent en son honneur. La garde était fournie par les Gardes Françaises, les Gardes Suisses, les Gardes du Corps et la Garde du Grand Prévôt. Arrivé dans la galerie qui précédait la salle d'audience, Oxenstiern fut reçu par le grand-chambellan, qui l'introduisit chez le roi, dont le trône était gardé par les deux colonels de la Garde Ecossaise Hébron (Hepburn) et Lesslie (mort en 1636 au siège de Saverne).

Louis XIII reçut le Régent de Suède avec beaucoup de déférence et l'appela « mon cousin », l'in-

LOUIS XIII REÇOIT EN AUDIENCE LES ÉCHEVINS D'UNE VILLE.

vitant à rester couvert, ce que l'on considérait comme une très haute distinction. L'audience dura environ une demi-heure. Louis XIII parla en français, tandis qu'Oxenstiern s'exprima en latin. L'ambassadeur Grotius faisait l'office d'interprète.

Dans les salles et galeries avoisinant la salle d'audience, où se trouvaient la suite d'Oxenstiern ainsi que des courtisans et des officiers français, on parlait le latin, ce qui donnait lieu à des quiproquos, car les guerriers et gentilshommes de la cour, au dire de la *Gazette*, se rappelaient moins bien leurs classiques que les leçons d'équitation.

Après l'audience chez le roi, Oxenstiern fut introduit chez la reine avec le même cérémonial.

Ensuite vint la visite chez le cardinal de Richelieu, moins solennelle, mais néanmoins réglée par un cérémonial presque aussi compliqué. Le cardinal reçut Oxenstiern à l'entrée de la grande salle de ses Gardes, où les mousquetaires présentèrent les armes. Richelieu passa le premier et prit la droite, toutefois après l'avoir offerte à Oxenstiern, qui avait décliné cet honneur.

Ce fut une rencontre d'une importance considérable en même temps que très pittoresque, un véritable sujet de peinture d'histoire, quand ces deux hommes d'État, sans aucun doute les plus éminents de leur temps, firent connaissance l'un avec l'autre après avoir été en correspondance diplomatique

LE CARDINAL DUC ARMAND DE RICHELIEU.

depuis de longues années. Ils étaient presque du même âge, Richelieu avait cinquante ans et Oxenstiern cinquante-deux. De Richelieu on a dit que : « tout ce qui était possible en fait d'amélioration sociale, en son temps, fut exécuté par cet homme dont l'intelligence comprenait tout, dont le génie pratique n'omettait rien, qui allait de l'ensemble aux détails, de l'idée à l'action, avec une merveilleuse habileté ; il eut, à un degré unique, l'universalité et la liberté d'esprit ».

Oxenstiern jouissait d'une estime égale. Richelieu écrit au comte d'Avaux : « Il n'y a rien que je ne voulusse faire pour le respect de M. le chancelier Oxenstiern que j'honore particulièrement », et la reine Christine disait de son vieux tuteur : « Je dois ce témoignage à son mérite, qu'ayant connu presque tout ce qu'il y a de grand et d'illustre dans le siècle où je vis, j'ai vu peu de gens qui le valussent ». On prétend que le cardinal de Mazarin dit : « Si tous les hommes d'état de mon temps se trouvaient dans un bateau, et s'il survenait un orage, je confierais sans hésitation le gouvernail à Oxenstiern. »

Le jugement sur Oxenstiern par M. Avenel, le savant éditeur des lettres de Richelieu, n'est pas moins flatteur pour ce grand Suédois : « C'est là un des grands noms du siècle de Richelieu. Axel Oxenstiern, tout à fait contemporain du ministre de France, peut être considéré comme son égal pour le génie, seulement il n'a pas été placé de manière à obtenir sur les affaires générales d'Europe cette influence souveraine et prolongée qui avait préparé et rendu possible le traité de Westphalie. Richelieu, mieux que personne, savait apprécier Oxenstiern, mais il se défiait de ses prétentions en faveur de son pays, il ne lui permettait pas d'être Suédois. De son côté, le ministre de Suède craignait la patriotique ambition du cardinal et son égoïsme national, en même temps qu'il comprenait toute l'importance dont était pour la Suède l'appui de la France. »

Après ces citations on comprendra mieux l'importance de cette entrevue, et on se rend mieux compte de l'influence qu'aurait pu avoir une conversation entre ces deux hommes d'un esprit si cultivé et d'une connaissance parfaite des ressorts les plus secrets de la politique de leur temps.

A l'extérieur ils étaient bien différents l'un de l'autre. Le cardinal, anguleux, raffiné, le regard perçant, habillé de soie pourpre et de dentelles, entouré de gentilshommes et de prélats costumés avec un grand luxe et parmi lesquels, seule, la personne ascétique du Père Joseph, l'Éminence grise, faisait contraste. Oxenstiern, l'aristocrate du Nord, un peu raide et lourd, vieilli avant l'âge, accompagné de ses gentilshommes et de ses officiers blonds, peut-être un peu guindés et sans souplesse, ayant presque tous l'empreinte d'une éducation militaire.

La visite dura deux heures. On parlait le latin et, d'après le *Mercure Français*, ces messieurs « s'entretenaient seulement sur les louanges des uns et des autres et de quelques autres propos joyeux ».

Au départ, Richelieu accompagna Oxenstiern jusqu'à la dernière marche de l'escalier, ce qui était prévu par le cérémonial.

On ne connaît rien de particulier sur les occupations du chancelier pendant le séjour à Compiègne, mais il est probable que le temps fut rempli par des visites et des pourparlers politiques, ainsi que par des banquets interminables. Il n'est pas impossible que les comédiens du roi aient donné des représentations, et que le roi ait invité Oxenstiern à la chasse dans la forêt de Laigue.

Nous n'allons pas nous lancer dans des conjectures, car l'emploi du temps à Compiègne reste couvert d'un voile qu'il ne m'a pas été possible de lever malgré beaucoup de recherches dans différentes archives. On sait, toutefois, que le chancelier, pendant son séjour à Compiègne et plus tard à Paris, eut l'occasion de faire la connaissance de plusieurs des hommes les plus éminents de la France de ce temps, ou de les revoir, tels que : Boutillier (Chavigny), La Meilleraye, le Père Joseph, Charnacé,

Bassompierre, Brézé, Abel Servien et d'autres.

Richelieu ne rendit officiellement la visite à Oxenstiern que le 29 avril. Le chancelier le reçut à la portière du carrosse en lui offrant sa droite. De même, au départ, et sans quitter la portière avant que la voiture fût en marche, grande politesse, que l'on n'accordait guère ordinairement qu'aux personnes de sang royal.

Les deux grands hommes, contrairement à la première entrevue, restèrent seuls ensemble pendant plus de trois heures en discutant sans doute les sujets graves de la haute politique. Les détails manquent sur cet entretien, on sait seulement que Richelieu, le lendemain, a écrit à Bouthillier : « La façon de traiter de M. le chancelier Oxenstiern est un peu gothique et beaucoup finoise. Cependant, il faut en sortir, s'il veut se mettre à la raison... Quoi qu'il arrive, il est nécessaire de se séparer en bonne intelligence d'avec lui. »

Richelieu quitta le même jour Compiègne pour passer quelques jours chez monsieur d'Humières, à Monchy, où il s'était fait inviter sans doute pour laisser Bouthillier, le Père Joseph et Charnacé, de concert avec Oxenstiern, rédiger le traité, ou plutôt la convention, qui fut datée du 28 avril, mais dont les articles ne furent probablement tous arrêtés que pendant le séjour d'Oxenstiern à Paris, quelques jours plus tard.

Le 30 avril eurent lieu les audiences d'adieu d'après le même cérémonial qu'à la première audience, avec cette différence, toutefois, que le roi, au moment de congédier le chancelier, ôta de son doigt une bague en brillants d'une valeur de 12.000 écus (soixante mille livres) et la remit à Oxenstiern qui, en outre, avant de partir de Compiègne, avait reçu de la part du roi, par l'entremise du comte de Bruslon, une tabatière en or avec le portrait de Sa Majesté serti en brillants.

Oxenstiern, de son côté, fit un certain nombre de cadeaux et fit remettre de forts pourboires aux domestiques, gardes et tambours, au maître du mobilier royal, au conservateur des tapisseries du château, et à une infinité d'autres personnes, en tout 231 pistoles, c'est-à-dire environ 2.300 livres, plus quatre chaînes en or et une bague de grande valeur.

Oxenstiern écrivit à son fils aîné, comte Jean Oxenstiern, plus tard négociateur du traité de Westphalie, qu'il avait été « bien reçu par le roi et par tous les Grands du pays ». Louis XIII, de son côté, écrivit au comte d'Avaux : « Le chancelier Oxenstiern est parti de cette cour fort satisfait », et le cardinal de Richelieu envoya au baron de Charnacé une note dans laquelle il dit : « Oxenstiern s'en est allé d'icy fort content du roi, et je crois qu'il agira bien. »

Le chancelier avait aussi tout lieu d'être content de son séjour à Compiègne, du moins en ce qui concerne la réception, et, si le résultat en vue de l'alliance fut moins brillant, il put se consoler avec la presque certitude que c'est grâce à ses pourparlers avec les hommes d'État français que le roi de France, le 19 mai, déclara ouvertement la guerre à l'empereur. Il faut dire que le «jeu valait la chandelle».

Peut-être a-t-il aussi constaté la vérité du vieux dicton :

Personne ne sort de Compienne,
Qui volontiers n'y revienne.

Le chancelier se mit en route le 30 avril pour Dieppe, où il allait s'embarquer pour la Hollande, mais, ne voulant pas manquer de visiter la capitale, ce merveilleux Paris, il fit un assez grand détour. Au lieu d'aller directement par Amiens ou Beauvais à Dieppe, il retourna sur ses pas, et par Senlis et Saint-Denis il s'achemina à Paris, qu'il ne connaissait probablement pas, et où il voulait voir ses trois jeunes neveux et pupilles, qui devaient se joindre à lui pour rentrer en Suède.

Dans le journal du comte de Bruslon il est dit, concernant le départ d'Oxenstiern de Compiègne : « Le chancelier partit fort satisfait... et ayant désir venir à Paris incognito, le Roi, pour l'honorer davantage, commanda au comte de Bruslon de venir avec lui et lui faire voir ce qu'il y avait de plus beau. »

On ne se pressait point, car, non seulement à Senlis mais aussi à Saint-Denis, le cortège passa la nuit, de manière que, parti de Compiègne le 30 avril, le chancelier n'arriva à Paris que le 2 mai. A Senlis, Oxenstiern reçut l'hommage d'un avocat protestant, historien et poète, Ervretre Jollyvet, sieur de Votilley, originaire d'Orléans, qui lui présenta des spécimens de sa production littéraire. Ce Jollyvet est l'auteur d'un panégyrique rimé sur Gustave-Adolphe en latin, imprimé en 1636 et dédié à Oxenstiern ; il est, en outre, l'auteur d'une chronologie suédoise avec portraits des rois de Suède, intitulée : *Cathalogue des roys des Suédois*, et dédiée à la reine Christine en l'année 1647.

Dans le livre de dépenses d'Oxenstiern il est marqué que, pendant la visite à Senlis, Jollyvet reçut du chancelier une gratification de vingt pistoles, soit 200 livres.

Après avoir passé la nuit à Saint-Denis et visité l'église avec les tombeaux des rois de France, Oxenstiern se dirigea sur Paris le matin du 2 mai et arriva dans la capitale de bonne heure.

La visite à Paris n'ayant rien d'officiel, l'arrivée d'Oxenstiern ne fut aucunement caractérisée par des réceptions solennelles; mais il est évident que le passage à travers Paris d'un cortège aussi considérable dut éveiller la curiosité des habitants, qui sans doute avaient connaissance de la visite d'Oxenstiern à la cour Néanmoins il faut mentionner que

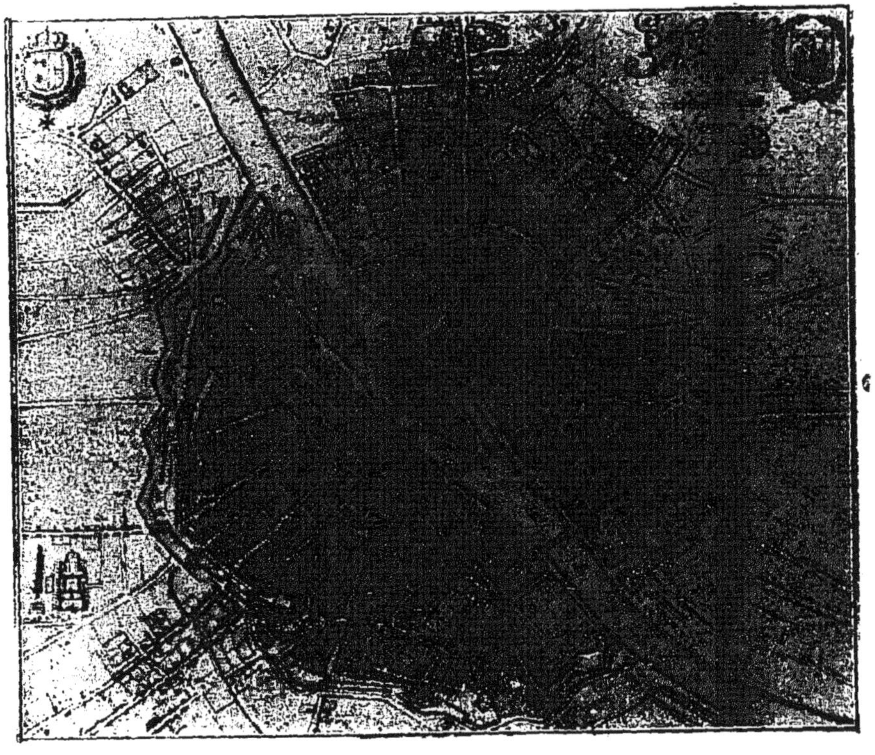

PLAN DE PARIS AU MILIEU DU XVIIe SIÈCLE.

les tambours de la ville furent gratifiés d'un pourboire, et qu'il est probable que les « archers » et les « arbalétriers » de la ville, qui tous les ans le 2 mai passaient leur revue d'ensemble, allèrent saluer l'hôte célèbre. Etant venu incognito, le chancelier s'est servi du carrosse de l'ambassadeur Grotius pour aller de Saint-Denis à Paris, ce qui du reste est confirmé par l'annotation dans le livre de dépenses du même jour d'un poste de pourboires aux cochers de Grotius.

Le roi avait fait mettre en ordre pour recevoir le chancelier l'ancien palais de Concini (actuellement nº 10, rue de Tournon), qui en ce temps était nommé l'Hôtel des Ambassadeurs, mais Oxenstiern préféra loger chez Grotius dans le faubourg Saint-Germain, qui déjà à cette époque commença à devenir à la mode, bien que n'étant pas encore le quartier préféré de la haute société parisienne. Burigny, dans *La vie de Grotius*, dit que, malgré l'incognito du chancelier, l'affluence de monde à l'hôtel de Grotius était telle qu'on parvint difficilement à empêcher la populace de pénétrer dans la maison, et il ajoute que le monde « avait un tel désir de le voir, comme s'il était venu du ciel . »

Déjà en 1633, quand le fils aîné d'Oxenstiern fit ses études à Paris à l'Académie de Memnon, il écrivit à son père : « Votre nom est grand ici, et il est presque claironné partout . »

Au moment de la visite d'Oxenstiern, Paris avait encore un aspect moyenageux. Des remparts couronnés de tours et tourelles entouraient la ville proprement dite, et ce n'est que quelques décades plus tard que les faubourgs tels que Saint-Germain Saint-Honoré, Saint-Jacques, Saint-Antoine, etc., furent incorporés dans Paris. On n'avait presque

PARIS, PARTIE OUEST, VERS 1635.

rien pour aérer les quartiers du centre et la ville, car, en dehors des Places Royale (actuellement des Vosges) et Dauphine, ouvertes au commencement du XVIIe siècle sur l'ordre d'Henri IV, il n'y avait presque pas d'autres places publiques dans Paris que la Place de Grève. Une grande partie du Paris du moyen âge restait donc intacte en 1635, mais de tout ceci il n'y a actuellement presque rien à voir que quelques églises (plus ou moins restaurées). Un nombre infini de maisons et palais ont été démolis, car les XVIIe, XVIIIe et XIXe siècles ont été sans pitié pour ces vénérables souvenirs des temps passés. La Renaissance et le style baroque avaient fait leur entrée triomphale dans Paris, et Oxenstiern pouvait admirer des spécimens pompeux et imposants de l'œuvre des de Brosse, des Lescot, des Lemercier, des Lavallée et de tant d'autres. Quant aux monuments et hôtels privés du style ogival, il est peu probable qu'Oxenstiern y fit attention ; il était trop enfant de son temps pour ne pas mépriser l'art gothique qui, à cette époque, était considéré comme barbare, et dont les expressions les plus élégantes furent traitées comme autant de preuves du manque de goût et de sentiment esthétique des générations disparues. On raconte que François Ier, quand il conduisait Charles-Quint au vieux Louvre, rougissait de honte d'avoir un palais de ce goût. C'est probablement une des rares fois que François Ier ait rougi !

Je me permettrai de signaler un autre fait qui caractérise la manière dont on regardait pendant le XVIIe siècle même les plus beaux spécimens du gothique profane. C'est Mme de Sévigné qui nous fournit la preuve de son indifférence et probablement de beaucoup de ses contemporains pour les vieilles maisons parisiennes.

L'hôtel de Bellièvre, anciennement de La Trémoïlle, dans la rue des Bourdonnais, existait encore vers le milieu du XIXe siècle, quand il fut rasé. Cet hôtel, un des plus beaux du moyen âge, avait au milieu du XVIIe siècle quatre façades sur plusieurs rues. On voulait l'abattre en 1675 pour y construire des maisons de commerce, et un syndicat de marchands en avait offert à la famille de Bellièvre 400.000 livres, mais les propriétaires avaient refusé de vendre leur maison familiale, ce qui fournit à Mme de Sévigné l'occasion d'écrire à sa fille : « C'est dommage que Molière soit mort. Il ferait une très bonne farce de ce qui se passe à l'hôtel de Bellièvre. Ils ont refusé 400.000 livres de cette maison, et ils n'ont jamais voulu la vendre, parce que c'est la maison paternelle et que les souliers du vieux chancelier de Bellièvre en ont touché le pavé, et qu'ils sont accoutumés à la paroisse de Saint-Germain l'Auxerrois. Ils sont logés pour 20.000 livres de rentes ! Que dites-vous de cette manière de penser ? »

Il est donc plus que probable qu'Oxenstiern n'eut aucune envie de voir des merveilles telles que les hôtels de Cluny, de Sens, de Guise, de Bourgogne, de La Trémoïlle, de Bourbon, etc. Pour les églises il n'existait à cette époque à Paris rien de remarquable en dehors des constructions ogivales ou en plein-cintre, car Saint-Eustache, l'œuvre capitale des deux Lemercier, n'était pas encore terminée, et Saint-Sulpice, le Val-de-Grâce, Saint-Louis des Invalides et Sainte-Geneviève, pas même projetés.

Le Louvre, le Luxembourg, l'Arsenal avec son beau parc d'alors, les Tuileries reçurent sans aucun doute la visite d'Oxenstiern, dont le livre de dépenses contient quelques indications à ce sujet. D'autres monuments et palais, qu'il ne pouvait manquer d'observer, furent probablement : l'Hôtel de Ville, les palais de Conti et de Condé, l'hôtel de la reine Marguerite au Pré-aux-Clercs, l'hôtel d'Angoulême (plus tard Lamoignon), qui appartenait au duc d'Angoulême, père du comte d'Alais, l'hôtel de Sully, l'hôtel de Richelieu (actuellement le Palais Royal), l'hôtel de Tubœuf (plus tard de Mazarin, actuellement une partie de la Bibliothèque Nationale), l'hôtel de Rambouillet, etc. Il est à remarquer qu'Oxenstiern était lui-même un grand amateur d'architecture et qu'à cette époque il était justement en train de faire construire son beau palais à Stockholm ainsi que son superbe château de Tidö à la place d'une vieille bâtisse du moyen âge, heureusement encore conservée à côté du nouveau château renaissance, lequel, à beaucoup d'égards, ressemble à l'hôtel de Sully que je viens de nommer.

En dehors des églises et des palais, Paris même n'offrait pas, dans la première moitié du XVIIe siècle, beaucoup de curiosités aux étrangers. Il n'y avait, par exemple, point de statues pour orner les places publiques ; le cheval de la statue d'Henri IV se dressait il est vrai, depuis un certain nombre d'années, sur le terre-plein du Pont-Neuf, mais l'effigie du roi n'y fut placée qu'au cours de l'année même où Oxenstiern vint à Paris, selon toute probabilité après le départ de celui-ci. La statue équestre de Louis XIII sur la Place Royale, commandée par Richelieu, ne fut élevée qu'en 1639.

Mais l'aspect de la ville, certainement la plus grande qu'Oxenstiern eût vue, avait assez d'attraits pour éveiller la curiosité et l'intérêt d'un étranger. Et en outre, les collections et les palais du roi et des grands seigneurs du royaume contenaient des trésors d'art, lesquels, évidemment, furent visités par Oxenstiern, qui n'aura pas manqué de voir, entre autres, la fameuse suite de Rubens, exécutée en 1621-1625, aujourd'hui au Louvre, mais à l'origine au palais du Luxembourg, pour lequel elle avait été commandée par Marie de Médicis. Dans le livre des dépenses d'Oxenstiern, il est noté qu'il fut donné huit pistoles au Louvre et dans la *Maison de la Reine*, ce qui probablement signifie le Luxembourg.

En dehors des visites artistiques, le chancelier fut très occupé pendant les trois jours que dura le séjour à Paris. Il continuait à voir Bouthillier, Charnacé et peut-être le Père Joseph, afin de terminer et rendre définitif le texte de la convention de Compiègne. C'est aussi fort probable qu'il rendit visite à l'Académie équestre, où ses neveux avaient étudié, pour assister aux exercices dans le manège et la salle d'armes, ce qui constituait à cette époque une distraction très goûtée par la haute société parisienne.

La promenade au Cours de la Reine-Marguerite, actuellement une partie du Cours-la-Reine, n'était pas moins à la mode au XVIIe siècle ; déjà vers le milieu du siècle il n'était pas rare d'y voir cinq à six cents carrosses en même temps, tout comme au Bois de Boulogne de nos jours. On y allait même masqué et en gaie compagnie, et les voitures étaient ornées avec le plus grand luxe, dorées et frangées de soie, etc. « On y raille, boit, joue et cause », dit Scarron en parlant de cette promenade. Il n'est pas impossible qu'Oxenstiern y soit allé, conduit par le comte de Bruslon, qui, comme nous l'avons vu, avait l'ordre de faire voir au chancelier tout ce qu'il y avait de plus beau à Paris, et qui dans le milieu aristocratique qui fréquentait « le Cours » devait être un des personnages les plus connus.

Les magasins et boutiques parisiens ne furent sans doute pas négligés non plus. Surtout les galeries ou corridors couverts du Palais de Justice, où étaient installées des boutiques dans lesquelles on vendait toute espèce de choses. C'était un lieu de rendez-vous très fréquenté : « Où l'on rencontrait tous les jours des messieurs et des dames, même le roi et la cour; quelques-uns y vont pour leur plai-

BOUTIQUE DANS LA GALERIE DU PALAIS, PREMIÈRE MOITIÉ DU XVIIe SIÈCLE.

sir, d'autres pour leurs affaires », écrit un ambassadeur de Venise. Je n'ose pas affirmer qu'Oxenstiern y ait fait ses emplettes, mais il fit à Paris pas mal d'achats, dont quelques-uns méritent d'être remarqués : une paire de bottes, 1 pistole et demie; quatre paires de gants à 80 sous; 24 aunes de dentelles marron à 30 sous ; 27 aunes de dentelles noires à 55 sous ; quatre chemises pour Son Excellence, 6 pistoles 60 sous ; quatre paires de bas pour Son Excellence et deux cols, environ 8 pistoles ; un baudrier doré, une paire de gants et un cordon à chapeau, 68 florins ; deux paires d'éperons, 4 florins ; un costume pour Son Excellence, 548 florins ; cinq aunes et demie de drap gris, 115 florins ; trois costumes pour les neveux de Son Excellence, 789 florins; trois bagues à 400, 500 et 600 florins, etc., etc.

Pour les distractions qui lui furent offertes, il faut compter la visite qu'il fit, à Bagnolet, chez M. de Briais, lequel, selon la *Gazette*, lui donna un bal avec représentation dramatique. Il ne m'a pas été possible d'identifier ce monsieur de Briais. C'était sans doute un personnage de marque, car autrement il n'aurait guère pu inviter Oxenstiern. Peut-être que le nom est mal imprimé dans la *Gazette*, dont le rédacteur Renaudot, néanmoins, paraît avoir eu quelques relations avec Oxenstiern, car dans le livre de dépenses, il est marqué que 10 pistoles furent données au fils du maître de poste pour la *Gazette*.

Le 4 mai, Oxenstiern posa pour son portrait devant Daniel Dumonstier, dont les dessins à trois crayons étaient très goûtés en ce temps-là et réputés pour la ressemblance. Le portrait est encore conservé à l'Académie des Lettres, etc., à Stockholm, et porte

COMTE AXEL OXENSTIERN, CHANCELIER ET RÉGENT DE SUÈDE, D'APRÈS L'ORIGINAL EXÉCUTÉ A PARIS, LE 4 MAI 1635, PAR DUMONSTIER.

la légende suivante, écrite par Dumonstier lui-même :

Illustrissimus D. D. Axelius Oxentierna,
fait ce vendredy 4 may 1635, en moins dune demie heure
devant le naturel par Dumonstier.

Le 5 mai, Oxenstiern quitta Paris pour Dieppe, accompagné de l'ambassadeur Grotius, jusqu'à Saint-Germain-en-Laye. Ici, Oxenstiern se reposa pendant vingt-quatre heures, visitant probablement le château, où, comme il devait le savoir, fut signé en 1570 l'édit de pacification entre les catholiques et les protestants de la France. Le lendemain le cortège, escorté par des gardes à cheval et des officiers français, continua sa marche lente et solennelle par Bord-Haut-de-Vigny, Saint-Clair-sur-Epte et Ecouis, pour arriver à Rouen le 8 mai.

On avait tenu à recevoir Oxenstiern d'une manière exceptionnelle à Rouen, et l'on voit, par les dépenses, que des musiciens, en outre des trompettes et des tambours, furent largement récompensés par le chancelier. Logis fut offert à Oxenstiern par un monsieur Heufft, dont un parent, Jean de Heufft, était à un moment donné commissaire suédois à Paris pour la réception des subsides payés par la France à la Suède. M. Heufft reçut du chancelier une belle chaîne en or en signe de reconnaissance pour l'hospitalité qu'il lui avait offerte pendant trois jours.

Un détail qui n'est pas sans intérêt vaut la peine d'être noté. Une partie du bagage et des équipages d'Oxenstiern fut envoyé à Rouen, sur un bateau qui descendit la Seine. Le prix payé fut d'environ 76 livres, plus 8 livres de pourboires et 4 livres pour le transport du port jusqu'à la maison Heufft à Rouen.

Le départ de Rouen pour Dieppe eut lieu le 10 mai. Probablement à cause d'un accident de voiture on fut forcé de faire halte dans la petite ville de Tôte, où le chancelier passa la nuit. L'arrivée à Dieppe, où l'on avait arrangé une entrée triomphale, s'effectua le lendemain, c'est-à-dire le 11 mai. La ville de Dieppe offrit le vin d'honneur à Oxenstiern par un de ses fonctionnaires, lequel, à côté des échevins, attendait à la porte de la ville comme c'était l'usage, pendant que des musiciens jouaient et que le maire haranguait le célèbre étranger.

A Dieppe se trouvaient les vaisseaux de guerre hollandais, qui étaient venus chercher Oxenstiern en vue de sa visite projetée à La Haye et à Amsterdam, mais, à cause des vents contraires, l'embarquement ne put s'effectuer que le 17 mai. Oxenstiern fut donc obligé de rester à Dieppe pendant presque une semaine, qu'il employa à visiter l'arsenal, à faire plusieurs promenades à cheval dans les environs et à régler des comptes avec diverses personnes qui avaient été engagées uniquement pour le voyage en France, notamment l'interprète Pierre. La garde française, qui avait accompagné le chancelier jusqu'à Dieppe, reçut une gratification de 1.200 livres.

Les vaisseaux de guerre levèrent l'ancre le 17 ; c'est donc en ce jour que le chancelier quitta le sol français après avoir passé juste un mois en France, si l'on compte son séjour dans ce pays depuis l'arrivée à Toul, qui eut lieu le 17 avril.

Ainsi s'accomplit ce voyage, qui certainement ne se passa pas sans difficultés et sans désagréments, mais qui en revanche a dû être d'un haut intérêt pour le chancelier, qui s'en promettait un résultat, sinon très satisfaisant du moins suffisant pour tranquilliser le monde protestant. Celui-ci, en effet, tournait, non sans anxiété, ses yeux du côté de la France, où, d'après lui, le sort du luthéranisme devait se décider.

TABLE DES MATIÈRES

Pages

Imp. de Vaugirard, H.-L. Motti, directeur, 12-13, Impasse Ronsin, Paris.

www.ingramcontent.com/pod-product-compliance
Ingram Content Group UK Ltd.
Pitfield, Milton Keynes, MK11 3LW, UK
UKHW020415230726
13925UKWH00004B/1442